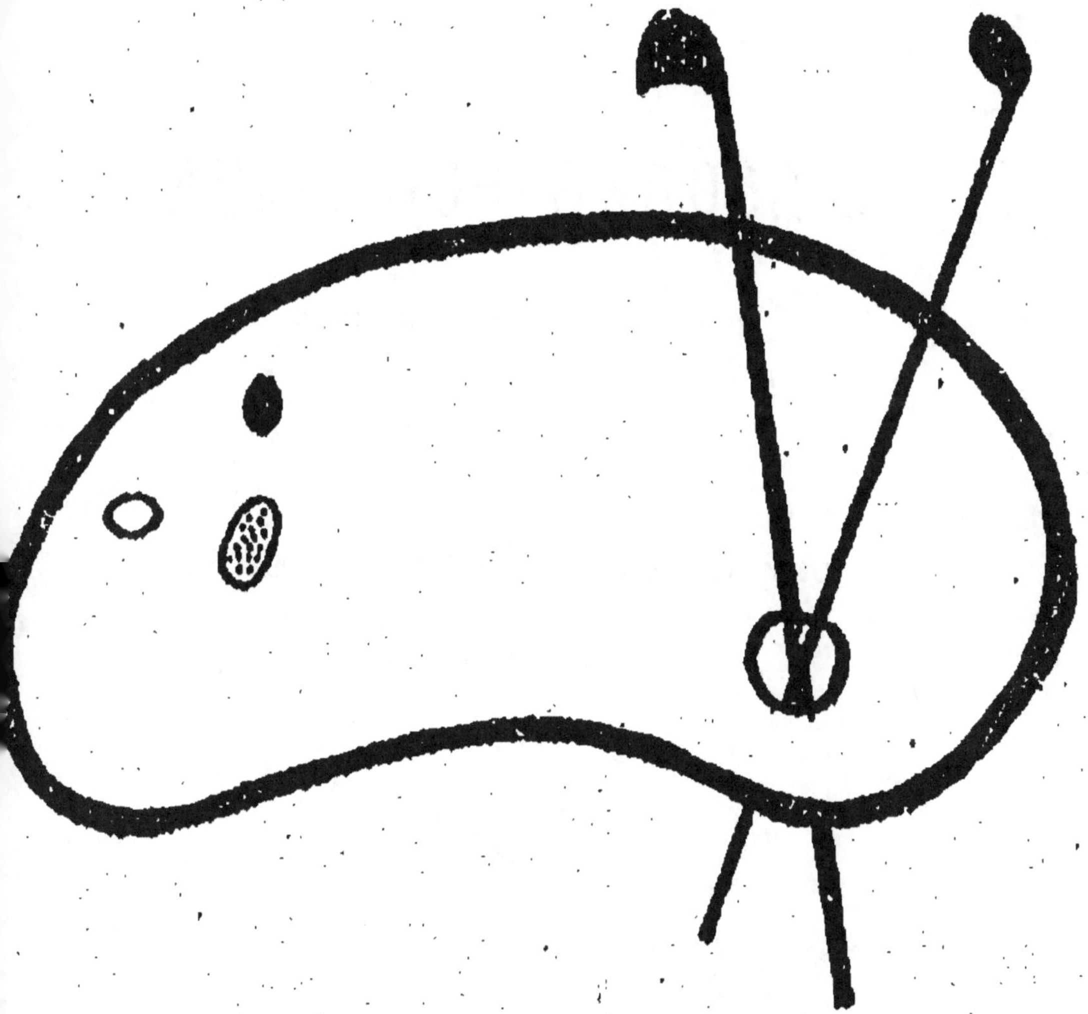

DEBUT D'UNE SERIE DE DOCUMENTS EN COULEUR

DISCOURS POLITIQUE

PRONONCÉ LE 12 MAI 1901,

A NANCY

par M. Raymond POINCARÉ,

DÉPUTÉ DE LA MEUSE

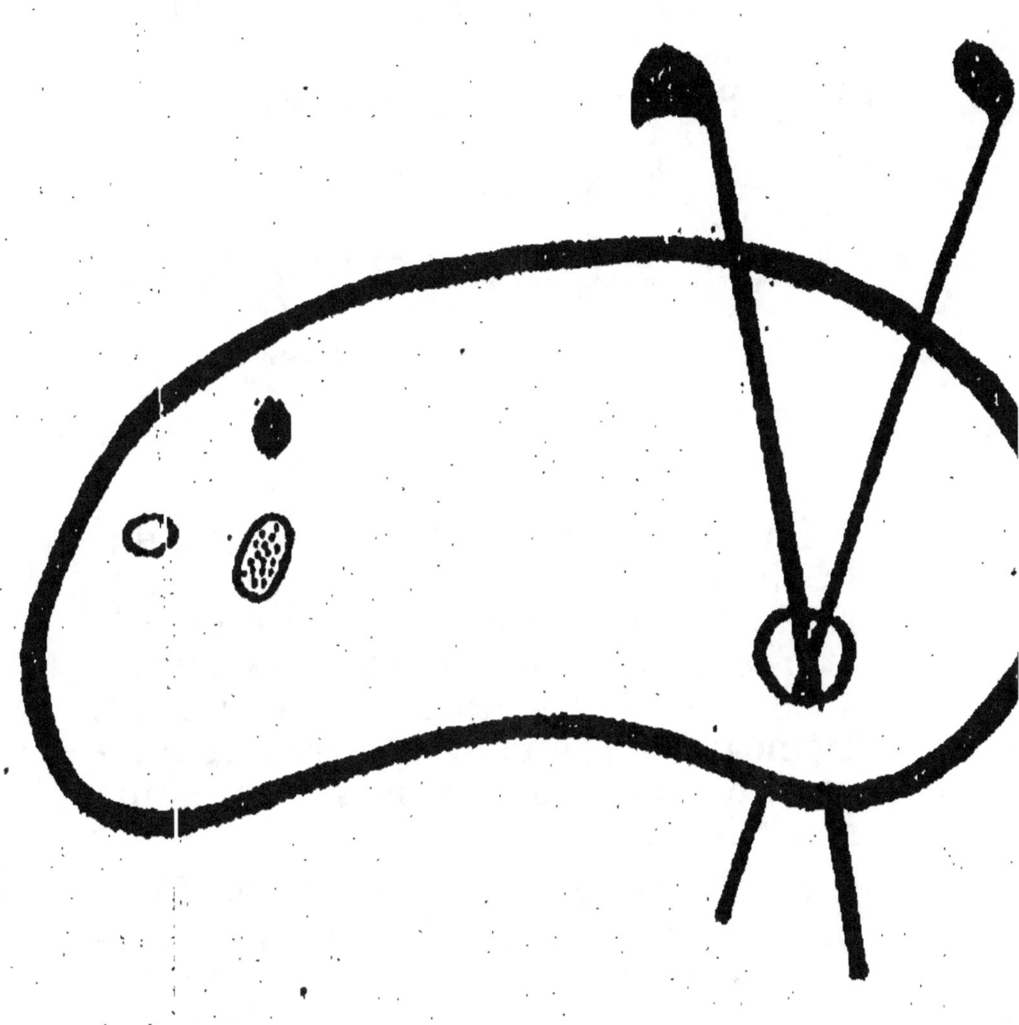
FIN D'UNE SERIE DE DOCUMENTS
EN COULEUR

DISCOURS POLITIQUE

Prononcé le 12 Mai 1901,

A NANCY

Par M. Raymond POINCARÉ

DÉPUTÉ DE LA MEUSE

La réunion de Nancy a donné lieu, le dimanche 12 mai 1901, à une imposante manifestation à la salle Poirel, et c'est devant un auditoire de plus de 1200 personnes que M. Raymond Poincaré a prononcé le très remarquable discours que nous reproduisons ci-après.

Sur la scène ont pris place les Membres du Parlement : M. Guérin, sénateur de Vaucluse, ancien ministre de la Justice ; M. Lavertujon, sénateur de la Haute-Vienne ; M. Jules Legrand, ancien sous-secrétaire d'Etat à l'Intérieur, député des Basses-Pyrénées ; M. Lannes de Montebello, député de la Marne ; M. Motte, député du Nord ; M. Ordinaire, député du Doubs ; M. Puech, député de la Seine ; MM. Papelier, Fenal, Lebrun, Brice,

Gervaize, députés de Meurthe-et-Moselle ; M. Prudhomme-Havette, député de la Meuse ; MM. Henry Boucher, C. Krantz, Ch. Ferry, Comte d'Alsace, députés des Vosges.

Se sont excusés : MM. Boulanger, Buvignier, Develle, Mézières, Rambaud, Marquis, Beugnot, Parisot, de Ponlevoy, sénateurs.

MM. Mougin, Kelsch, Chapuis, députés.

Dans l'assistance, on remarquait un grand nombre de conseillers généraux, conseillers d'arrondissement, maires et conseillers municipaux de toute la région.

DISCOURS

Messieurs,

Je ne pouvais laisser sans réponse le bienveillant appel qui m'a été adressé par un certain nombre de républicains de Nancy. Député lorrain, né dans le département même que j'ai, depuis quatorze ans, l'honneur de représenter, je suis toujours resté fidèlement attaché à cette belle région de l'Est, où, sous les inévitables divisions politiques, persiste, comme un lien sacré, la communauté des souvenirs et des espérances ; et j'ai saisi avec empressement l'occasion d'affirmer une fois de plus la solidarité de sentiments, qui unit les populations de nos frontières.

Je n'ai garde d'oublier, du reste, les mille

raisons personnelles que j'ai toujours eues d'aimer notre vieille capitale lorraine. Je me rappelle, non sans émotion, qu'elle a été le berceau de ma famille paternelle et que j'y ai moi-même autrefois promené, en rêvant un peu, la meilleure partie de ma jeunesse, — de la caserne Sainte Catherine à ces Facultés qui vivaient alors séparées, et auxquelles j'ai eu, depuis lors, la bonne fortune de contribuer à donner, avec le titre d'Université, la personnalité collective.

Objet de la Réunion.

Ces attaches, anciennes et présentes, suffisent à expliquer que je n'aie pas voulu me dérober aux affectueuses instances dont j'étais l'objet.

Mais il faut croire que, pour certains esprits, les explications les plus naturelles apparaissent comme les moins vraisemblables et que les imaginations ont souvent besoin des aliments les plus compliqués. Car j'ai appris qu'on avait fait courir, d'avance, sur cette réunion, des commentaires variés et contradictoires.

Je n'ai guère l'espoir de les arrêter ; mais, du moins, je tiens à dire, pour les hommes de bonne foi, — qui forment heureusement la majorité partout, et notamment dans notre pays de bon sens et de mesure, — qu'en acceptant de venir aujourd'hui faire, devant le public nancéien, non pas une conférence, non pas même un discours, mais un sobre et loyal exposé de la situation politique, telle que je l'aperçois, j'ai obéi à une pensée très simple, qui tient en deux mots : dire ce que mes amis et moi, nous croyons la vérité sur les meilleurs moyens de maintenir, et, au besoin, de rétablir, entre les républicains, la confiance et l'union.

Il est possible que mes opinions se heurtent, dans une partie de l'auditoire, à des opinions différentes. Je sais que cette réunion a été très largement ouverte et que les convocations ont été adressées par les organisateurs à beaucoup de personnes qui, sans doute, n'approuveront pas toutes mes idées ; mais je sais aussi que je puis compter sur la courtoisie et sur l'esprit de tolérance de ceux mêmes qui ne partageraient pas mes convictions. Je leur donne volontiers l'assurance préalable que je respecte les leurs, quelles qu'elles soient, et, qu'en exprimant les miennes, je ferai tout ce qui dépendra de moi pour ne pas froisser celles de mes adversaires.

Je voudrais, d'abord, afin d'apprécier, avec plus d'indépendance et de sécurité, les circonstances politiques, faire effort pour me dégager, s'il est possible, de cet état d'esprit parlementaire et de ces sortes de préventions professionnelles, dont tous les députés sont un peu imprégnés et auxquelles il leur est, en général, très difficile d'échapper.

J'en demande pardon à mes collègues, dont plusieurs ont eu l'amabilité de m'accompagner aujourd'hui : mais je crois que, dans le Parlement, les perspectives sont un peu faussées ; que, dans l'enceinte législative, les êtres et les choses ne se montrent pas toujours sous leurs couleurs réelles et sous leur angle vrai ; que tout s'y déplace, et que les rayons visuels, en passant du milieu parlementaire à l'air libre, ou réciproquement, subissent une réfraction trompeuse.

Ce qui contribue le plus, dans les Chambres, à obscurcir les questions, c'est qu'elles y sont presque toujours dominées par les préoccupations ministérielles. Et par là j'entends aussi bien, cela va de soi, les préoccupations d'hostilité que celles de fidélité à un cabinet : car, s'il se rencontre parfois des majorités qui poussent le dévouement jusqu'à voter, pour maintenir le gouvernement de leur choix, des mesures qu'elles désapprouvent ou qu'elles déplorent, on voit aussi, de temps en temps, des minorités qui, à l'inverse, pour tâcher de mettre un ministère en échec, s'associent à des projets qu'en passant de l'opposition au pouvoir, elles s'empresseraient, avec raison, de repousser.

C'est de cette optique parlementaire que je voudrais aujourd'hui tâcher de m'affranchir,

car elle n'ajoute pas à la clarté de la situation
politique. Je n'ignore pas qu'à essayer de juger
les choses d'un autre point de vue, je m'expose
à mécontenter un peu tous les partis, à être
accusé, par quelques-uns de mes amis, d'un
excès de tiédeur ou de modération dans la cri-
tique et, par mes adversaires, d'un excès de
sévérité. Mais il y a des heures où, pour répé-
ter un mot qu'a naguère repris fort à propos
M. Paul Deschanel, il faut savoir se laisser
traiter de Gibelin par les Guelfes et de Guelfe
par les Gibelins.

Une pensée me consolerait, d'ailleurs, de ne
satisfaire pleinement aucun des partis qui se
livrent aujourd'hui bataille : c'est que je les
crois rangés dans l'équivoque, au hasard des
événements écoulés et qu'il y va, suivant moi,
de l'intérêt et de la dignité de tous de leur ren-
dre leur classement normal.

Des républicains, qui devraient être unis par
l'identité ou, tout au moins, par la similitude
de leurs aspirations politiques, paraissent vio-
lemment séparés, au risque de se laisser absorber les uns par la droite, les autres par les
collectivistes ; et ces dissensions, si elles s'ac-
centuaient, ne pourraient, en définitive, profi-
ter qu'aux ennemis de l'ordre social ou à ceux
de la République. Il est temps d'arrêter ces
deux mouvements contraires, et également
dangereux, qui menacent de précipiter une
partie de la France dans la réaction et l'autre
dans la révolution.

Les Origines de la situation.

Ni réaction ni révolution, telle était la devise
que le parti républicain progressiste avait prise
au début de cette législature, et il n'entend pas
en changer. Il y a place, entre ces deux néga-
tions, pour un large programme positif qui
puisse répondre aux besoins et aux vœux de
l'immense majorité du pays.

Avant de tâcher de tracer les grandes lignes
de ce programme, je demande la permission de
rechercher avec franchise, sans récriminations
et sans parti pris, les origines du mal que nous

voulons guérir. Des querelles rétrospectives sera [s]ont inutiles et funestes, mais il est nécessaire de bien connaître les causes pour juger les effets ; et j'ajoute qu'une fraction importante du parti républicain, celle à laquelle je m'honore d'appartenir, a le devoir de se défendre contre de trop habiles reproches qu'on lui adresse tous les jours et qui tendent à lui attribuer à elle seule toute la responsabilité de la situation.

La première observation qu'on nous fait généralement ne laisse pas que d'être assez plaisante. On nous blâme d'avoir, au lendemain des élections de 1898, porté à la présidence de la Chambre l'un des nôtres, celui que nous avons jugé le meilleur et le plus digne. Comme si tous les partis, et tous les groupes mêmes dans les partis, n'avaient pas le droit de choisir leurs représentants et leurs candidats ; et comme si le fauteuil présidentiel appartenait, d'office et par tradition, aux uns plutôt qu'aux autres ! Au surplus, l'irréprochable impartialité avec laquelle M. Deschanel dirige les débats de la Chambre serait, si nous avions à nous défendre sur ce point, notre plus éclatante justification.

Mais le reproche sur lequel on insiste le plus volontiers ne remonte pas aussi haut. Il s'arrête à la dernière crise ministérielle, mais il s'y arrête avec complaisance ; car ce serait alors, dit-on, que nous aurions commis notre grand crime ; et il paraît même que M. le Ministre de la justice vient d'ouvrir, à ce sujet, une instruction contre nous. Nous nous serions dérobés, en vertu de je ne sais quel concert unanime, aux responsabilités du pouvoir, et nous aurions ainsi, contre toute attente, rendu nécessaire la participation des socialistes à la direction des affaires publiques.

C'est là une légende tenace, qui repousse, de temps en temps, comme les mauvaises herbes. Mais nous ne nous lasserons pas de l'arracher et nous finirons bien, je l'espère, par l'empêcher d'étouffer la vérité.

Vous me pardonnerez, messieurs, de me mettre en cause ; mais, pour répondre à tant de versions controuvées, je suis bien forcé de dire ce qui est à ma connaissance personnelle.

La Formation
du Ministère Waldeck-Rousseau.

Lorsqu'au mois de juin 1899, M. le Président de la République m'a fait l'honneur de me charger de constituer un cabinet, j'ai eu l'illusion de croire qu'après la tourmente que venait de traverser le pays, les républicains devaient oublier leurs dissentiments.

L'horizon était encore chargé de nuages ; les esprits restaient troublés et les passions surexcitées. Je jugeais qu'il appartenait aux républicains, aux radicaux comme aux modérés, de donner l'exemple du calme et de l'union. Je n'hésitai pas à faire appel à des hommes comme M. Léon Bourgeois et M. Sarrien. Je crus pouvoir, en même temps, demander la collaboration de M. Barthou, dont j'appréciais vivement l'intelligence et l'activité. Son nom souleva dans les gauches avancées une invincible résistance.

D'autre part, dans l'après-midi du vendredi 16 juin, un des chefs les plus éminents du parti socialiste, M. Millerand, vint me trouver ; et, en présence de mon ami Grosdidier, maire de Commercy, que je vois aujourd'hui devant moi et qui était, ce jour là, dans mon cabinet, M. Millerand me dit, très ouvertement et très loyalement, qu'étant donnée la gravité de la crise, ses amis revendiquaient leur part d'action et de danger Il me déclara qu'il lui semblait indispensable de faire appel, dans la constitution du cabinet, à toutes les forces républicaines, y compris les socialistes, et il me proposa le nom de M. Viviani

J'ai beaucoup d'admiration pour le très brillant talent de M. Viviani, beaucoup d'admiration aussi pour le sobre et le robuste talent de M. Millerand. Mais je ne pensais pas alors, et je ne pense pas davantage aujourd'hui, que l'intérêt du parti républicain se confondit en cette circonstance, avec l'intérêt du parti socialiste, et qu'il commandât la concentration, dans un même cabinet, d'éléments aussi opposés. Je répondis donc nettement à M. Millerand que je ne me ferais pas, quoi qu'il arrivât, l'agent de cette combinaison.

Un jour plus tard, comme j'avais échoué dans ma tentative de conciliation, M. Waldeck-Rousseau fut, à son tour, chargé de constituer le cabinet. Je suis de ceux qui applaudirent le plus à la désignation dont il était l'objet, ainsi qu'au désintéressement et au tranquille courage avec lesquels il accepta cette mission. Je n'ai pas à révéler les négociations auxquelles il a pu se livrer ; je ne les connais, du reste, qu'incomplètement, et je n'ai même été mêlé à aucune de celles qu'il a poursuivies dans la dernière phase de la crise. Mais je tiens à renouveler, en ce qui me concerne, une affirmation que j'ai rendue publique sur le moment même et à redire que, personnellement, je n'ai alors ni refusé ni marchandé mon concours à M. Waldeck-Rousseau.

Au demeurant, les hommes politiques qui se disent le mieux renseignés sur cette crise et qui étaient, en effet, à même de l'être, ne font aucune difficulté de proclamer aujourd'hui que la pensée maîtresse de cette combinaison ministérielle était d'aller jusqu'aux socialistes.

C'est donc intervertir les rôles que d'imputer à la retraite ou aux exigences des progressistes une alliance gouvernementale qu'à notre avis, rien n'imposait, mais qui, dans certains groupes, était assurément préméditée.

Cela dit pour rectifier des versions fantaisistes, je m'empresse d'ajouter que, tout en ne m'expliquant pas et en désapprouvant la conception politique qui avait inspiré cette combinaison disparate, j'ai tenu, quant à moi, en plusieurs occasions graves, à soutenir le cabinet de mes votes, et j'ai refusé de m'associer à la campagne passionnée, et parfois aveugle, qu'ont immédiatement dirigée contre lui des adversaires, dont tous n'entendaient pas servir les intérêts de la République.

Le pays se débattait dans les dernières secousses d'une crise longue et douloureuse ; le désordre et le tumulte régnaient dans les rues de Paris ; des attaques violentes et calomnieuses étaient dirigées contre M. le président de la République. L'affaire Dreyfus, qui était et aurait dû toujours rester une affaire judiciaire, était exploitée, avec parti pris, dans des sens opposés : d'un côté, par ceux qui y cherchaient des prétextes à ébranler nos institutions militaires ; d'un autre côté, par ceux qui voulaient faire à l'armée l'injure de la détourner de sa mission patriotique et de la jeter dans nos discordes civiles.

M. le président du conseil nous assurait, d'ailleurs, que le péril passé, chacun reprendrait son programme La collaboration ministérielle avec les socialistes nous était présentée comme accidentelle et momentanée. Quelles que fussent mes réserves sur cette alliance passagère, je ne crus pas devoir me séparer, aux heures de lutte, du gouvernement qui avait charge d'assurer l'ordre matériel et de défendre la République.

Les Socialistes restent au pouvoir.

Mais quelques mois plus tard, nous sortions heureusement de cette ère de fièvre et de folie. M. le président de la République achevait, par sa bonne grâce, par son calme souriant, par la fermeté de son caractère, de conquérir l'estime respectueuse à laquelle le vote du congrès aurait dû suffire à lui donner droit ; et il s'attirait victorieusement, partout où il passait, les sympathies populaires.

Le temps, aidé de l'Exposition, poursuivait son œuvre bienfaisante ; et il semblait que tout conspirât enfin pour rétablir la paix dans les esprits et pour justifier une amnistie générale.

Le moment était venu, pour les partis politiques, non plus de se rallier dans un ordre de bataille improvisé, mais de se rassembler dans leur formation normale et suivant leurs affinités naturelles.

Les socialistes nous révélèrent alors qu'ils s'étaient apprivoisés dans la fréquentation ou dans la pratique du pouvoir et qu'ayant obtenu

un certificat d'aptitude gouvernementale, ils en
tendaient continuer à s'en prévaloir.

C'était assurément leur droit ; mais notre
droit et notre devoir à nous étaient de ne pas
les suivre dans la politique où l's entraînaient
le ministère et d'appliquer, en dehors d'eux et
en pleine indépendance, un programme que
nous n'avons jamais entendu trahir ou renier.

Ni Réaction ni Révolution.

Nous sommes restés fidèles à nos idées anciennes ; et plus que jamais, nous y demeurons
attachés.

Nous ne voulons pas de réaction, sous quelque forme qu'elle se cache ; et lorsqu'il lui
arrive, pour se dissimuler, de s'envelopper de
sentiments nobles et généreux, qui ne sont heureusement le privilège de personne, et dont elle
n'a pas le droit de nous contester notre part,
nous savons, comme tous les républicains,
démêler ses calculs et percer son jeu.

Nous ne voulons pas de réaction ; et c'est
dire, avant tout, bien entendu, que nous serions
au premier rang des défenseurs de la République, si jamais elle était menacée ; mais c'est
dire aussi que, dans la République, ce que nous
entendons servir et développer, c'est l'esprit
républicain.

Nous ne voulons pas de réaction ; et nous
sommes, par conséquent, résolus à empêcher
tout envahissement et toute usurpation du clé-
ricalisme et à maintenir énergiquement la laï-
cité de l'État

Nous ne voulons pas de réaction, et c'est
parce que nous n'en voulons pas que nous sommes opposés à toute tentative de régime plébis-
citaire. Ni la fougue de M. Déroulède, ni l'art
ingén eux et délicat de notre compatriote, M.
Maurice Barrès, ne réussiront à nous faire
oublier les leçons du passé Un homme qui
concentrerait entre ses mains toutes les forces
issues d'un plébiscite serait fatalement entraîné
à se dresser, tôt ou tard, en antagoniste de la
représentation nationale et à absorber en soi
toute la souveraineté. Nous savons trop quels

sont les lendemains de ces abdications populaires.

Mais si nous n'avons rien de commun avec les réactionnaires, nous tenons, d'autre part, à marquer nettement les frontières de notre parti du côté des socialistes ou plus exactement des collectivistes, car je ne disconviens pas que le mot socialisme est un peu vague et couvre des idées assez diverses.

Le Programme collectiviste.

Il y a, entre les collectivistes et nous, plusieurs obstacles infranchissables, et, s'il était possible de les franchir, nous serions bien décidés à n'en pas faire l'expérience.

D'abord, les collectivistes croient à la suppression plus ou moins prochaine de la propriété individuelle. Ils y croient et ils la désirent. Nous n'y croyons pas et nous ne la désirons pas. Historiquement, il ne nous apparaît point que l'évolution économique ait la direction, le sens ou, pour employer le langage des mathématiciens, « le signe », que lui attribuent les collectivistes, ni qu'elle doive avoir pour aboutissement la propriété sociale. Philosophiquement, nous considérons la propriété individuelle comme le corollaire de la liberté du travail et comme une des manifestations les plus respectables de la personnalité humaine. Socialement, nous y voyons un des encouragements les plus efficaces et les plus légitimes à l'activité privée et à la prospérité publique.

En second lieu, les collectivistes entendent de plus en plus s'appuyer sur une organisation internationale.

L'Internationalisme.

Dans une discussion récente, M. Ribot a excellemment démontré qu'aucun de nous ne songerait à réclamer aujourd'hui l'application d'une législation prohibitive contre les groupements internationaux. Mais, en se rapprochant des étrangers pour défendre ce qu'ils considèrent comme des intérêts communs, les collectivistes sont trop souvent induits à méconnaître la grandeur et la beauté de l'idée de patrie. Et c'est trop que plusieurs d'entre eux aient pu, sans être inexorablement répudiés par les autres, prononcer des paroles sacrilèges qu'on n'avait pas entendues en France depuis 1878. Quant à nous, nous tenons, au contraire, cette idée de patrie pour une des plus pures, des plus élevées et des plus nécessaires, et nous regardons toute tentative qui aurait pour objet de l'obscurcir dans les esprits comme une aberration criminelle.

Il y a quelques jours, Messieurs, le bureau international socialiste a lancé un manifeste dans lequel il engageait avec insistance les travailleurs de tous les pays à prendre pour mot d'ordre dans la célébration de la fête du 1er mai : « Guerre au militarisme ! » Dans cette région si vibrante de patriotisme, et à deux pas de cette frontière que nos désastres ont si cruellement rapprochée de Nancy, il est à peine besoin de dire que nous réprouvons avec indignation cette funeste propagande et que, si jamais elle pouvait aboutir, elle risquerait d'attirer sur la France les suprêmes humiliations.

La Question militaire.

Un grand nombre d'entre vous ont applaudi tout récemment, dans cette salle, la remarquable conférence de mon ami M. Krantz. Il a suffisamment expliqué qu'aucun de nous ne contestait la possibilité d'apporter des améliorations progressives dans nos institutions militaires, et il a indiqué les satisfactions qui peuvent être graduellement données à l'opinion, au point de vue même de l'égalité des charges et de la durée du service. Mais tous les intérêts privés, si ardents et si légitimes qu'ils soient, doivent rester, en cette matière, impitoyablement subordonnés à l'intérêt général de la défense et à la nécessité d'assurer, de plus en plus, la solidité, la cohésion et la puissance de notre armée.

Sans doute, le besoin de calme, inhérent aux démocraties laborieuses, et la longue période de paix européenne, ou, du moins occidentale, qui s'est écoulée depuis nos désastres, ont pu donner à beaucoup de nos concitoyens l'espoir que l'ère des guerres ne se rouvrirait plus de sitôt pour la France. Et je voudrais que ce rêve devînt une réalité ! Mais qui sait ce que durera cette sérénité apparente ? On a vu, il y a peu de temps, des conflits éclater brusquement entre des nations du vieux et du nouveau monde, qui étaient séparées par des océans et n'auraient pas semblé devoir jamais se rencontrer. On a vu les ambitions impériales es chercher de nouveaux horizons. Dans les pays où la communauté des intérêts immédiats a rapproché les nations dans une action combinée, l'union reste toujours à la merci des incidents imprévus. En Europe même, les événements peuvent conspirer, tôt ou tard, contre la volonté pacifique des gouvernements et des peuples. Bien insensés seraient ceux qui, au milieu de cette paix instable, voudraient nous désarmer ou nous affaiblir !

Enfin, les collectivistes, Messieurs, sont, pour la plupart, révolutionnaires.

Les uns préconisent l'emploi de la force comme un moyen normal et usuel d'action politique, les autres, plus habiles et relativement plus modérés, nous donnent à entendre que leur parti ne doit recourir à la force qu'à la dernière extrémité ou pour consacrer solennellement, le jour venu, le terme de l'évolution sociale. Mais ceux qui, parmi eux, osent blâmer ouvertement l'intervention de la violence, sont très rares. Et si M. Millerand s'est honoré en se classant dans cette minorité, il est impuissant, nous en avons tous les jours la preuve lamentable, à fixer à l'esprit révolutionnaire des limites que ses meilleurs amis s'ingénient sans cesse à élargir ou à effacer.

Telles sont, rapidement exposées, les raisons pour lesquelles nous sommes résolus à rester à la fois séparés des réactionnaires et des socialistes.

Démocratie et Liberté.

Pour achever de définir notre parti, il suffit, Messieurs, après avoir dit ce que nous ne sommes pas, d'ajouter que nous sommes simplement des républicains et comme tels, des libéraux et des démocrates. Trois mots qui forment, à vrai dire, pléonasme ; car la République n'est que l'organisation de la démocratie et, comme l'écrivait hier, dans une remarquable étude, un des plus distingués parmi les jeunes maîtres de la sociologie, M. Henry Michel, la démocratie a pour première fin la liberté, parce que la liberté est la condition indispensable du plein épanouissement de la personne humaine.

Nous sommes libéraux ; et c'est dire que les droits de l'individu dans la nation ne nous sont pas mo'ns sacrés que ceux de la nation elle-même et qu'au premier rang de ces droits, nous mettons ceux de la conscience et de la pensée.

Nous entendons, comme les auteurs de la Déclaration trop oubliée, dont la Chambre a voté l'affichage, que personne ne puisse être recherché ou inquiété pour ses opinions politiques ou religieuses, — personne, conservateur ou radical, croyant ou libre penseur, catholique, juif ou protestant ; et nous tenons pour également condamnable toute entreprise des partis contre la foi ou contre la raison.

Nous sommes démocrates ; et c'est dire que, sans attendre d'un régime politique quelconque le règne fatidique du bonheur universel, nous voulons que les plus heureux et les plus riches d'entre nous travaillent à améliorer le sort des plus pauvres ; nous voulons qu'en faisant cet effort de fraternité, ils n'obéissent pas seulement, comme il arrive, à un calcul intéressé, qu'ils n'accomplissent pas un sacrifice maussade, qu'ils ne se contentent pas de payer, de mauvaise grâce, contre les revendications de la misère, une sorte de prime d'assurance ou de jeter à la foule une aumône dédaigneuse ; nous voulons qu'ils fréquentent le peuple, qu'ils le comprennent, qu'ils l'admirent, et qu'ils aient le sentiment profond d'avoir à remplir, vis à-vis de leurs semblables, une œuvre de justice et un devoir de solidarité.

La Liberté du Travail.

C'est parce que nous sommes des libéraux que nous sommes opposés à ce que M. Waldeck-Rousseau a appelé, avec raison, la conception tyrannique de la réglementation du travail.

Il a lui-même, à plusieurs reprises, dans la langue impeccable dont il a le secret, posé les principes auxquels nous demeurons attachés.

« Nous avons — a-t-il écrit — choisi la li-» berté ; faisons-lui confiance. Ne lui assignons » point d'autres limites que celles de l'ordre » public, au delà desquelles il n'y a pas de » liberté véritable. »

Et de même, dans la belle sentence arbitrale qu'il a rendue, en 1899, lors de la grève du Creusot, il a condamné hautement l'idée du syndicat obligatoire :

« Considérant, a-t-il dit, que, si les syndicats » constituent un intermédiaire qui peut logi-» quement et utilement intervenir dans les » difficultés qui s'élèvent entre patrons et ou-» vriers, nul ne peut être contraint d'accepter » un intermédiaire ; qu'un patron ne saurait » exiger des ouvriers qu'ils portent leur ré-» clamation au syndicat patronal dont il fera » partie ; que les ouvriers ne sauraient davan-» tage lui imposer de prendre pour juge des » difficultés pendantes entre eux et lui le syn-» dicat auquel ils appartiennent. Décide : l'in-» termédiaire du syndicat auquel appartient » l'une des parties peut être utilement employé, » si tous deux y consentent ; il ne peut être » imposé. »

Et non moins fermement que le syndicat obli-gatoire et l'arbitrage obligatoire, M. Waldeck-Rousseau a réprouvé la grève obligatoire :

« Le droit d'un seul ouvrier qui veut travail-» ler, a-t-il déclaré récemment, est aussi res-

» pectable et aussi sacré que le droit de ceux
» qui veulent faire grève. »

On ne saurait mieux dire ; et nous n'a imet-
tons pas, nous non plus, qu'une pression collective puisse porter atteinte aux droits indivi-
duels.

C'est ici encore qu'il y a, entre les collectivistes et nous, un abîme que rien ne peut com-
bler. Nous témoignons aux syndicats professionnels toute la sollicitude qu'ils méritent ;
nous reconnaissons les bienfaits qu'ils procu-
rent aux ouvriers ; nous sommes disposés à
étendre leur action en leur conférant une capa-
cité commerciale plus étendue ; mais nous
n'entendons pas que, sous prétexte de protéger
l'individu, les groupements corporatifs le do-
minent et l'écrasent.

Les Projets de M. Millerand.

Voilà pourquoi nous sommes hostiles à cer-
taines mesures très graves qui ont été prises
ou projetées par M. le ministre du commerce.

Un décret du 17 septembre 1900 a institué des
conseils du travail. Le principe de l'institution
est excellent. Il est emprunté à une loi belge
de 1887. Mais en Belgique les conseils du travail sont nommés par tous les patrons et par
tous les ouvriers, sans distinction entre ceux
qui sont syndiqués et ceux qui ne le sont pas.
Au contraire, d'après le décret du 17 septembre, ne sont électeurs que les syndicats patro-
naux et ouvriers. C'est faire, par une voie dé-
tournée, de ces corporations un organisme offi-
ciel et obligatoire, et c'est démentir par là
même les doctrines professées au nom du gouvernement par M. le président du conseil.

Un projet de loi a été déposé le 15 novembre
1900, qui prétend tirer de ce décret les redouta-
bles conséquences qui y sont renfermées, et
qui ne tend à rien moins qu'à instituer l'arbitrage et la grève obligatoires.

Je ne sais si ce projet viendra jamais en discussion. A en juger par les délibérations des
chambres de commerce, des Bourses du travail,

des corporations ouvrières, et aussi par l'intéressante enquête qu'a publiée M. Jules Hurel, il a réuni contre lui l'opposition à peu près générale des patrons et des ouvriers ; il est probable qu'il ne sortira plus des commissions parlementaires. Mais s'il est jamais porté à l'ordre du jour des Chambres, nous le combattrons avec énergie.

Nous le combattrons, parce que, de ces conseils du travail, exclusivement nommés par les syndicats, il fait des arbitres obligatoires, des arbitres d'office, dans tous les marchés de fourniture ou de travaux passés pour le compte de l'État ; qu'il donne ainsi aux syndicats un droit de jugement même sur les ouvriers non syndiqués ; et qu'en même temps, il met les adjudicataires, les entrepreneurs, les industriels, à la merci d'un tiers, qui pourra leur imposer, sans responsabilité, des conditions impossibles ou des salaires ruineux.

Nous le combattrons aussi, parce que le vote de la grève à la majorité ne nous semble une garantie ni pour le patron ni pour l'ouvrier ; parce que cette majorité serait la plupart du temps captée ou falsifiée par des meneurs : et parce qu'au surplus, fût-elle sincère, elle n'aurait pas, suivant nous, le droit d'opprimer une minorité résolue à travailler, pas plus qu'une majorité, en repoussant la grève, n'aurait le droit d'interdire à une minorité de cesser le travail.

Ah ! certes, lorsque M. le ministre du commerce expose et défend son projet dans des réunions industrielles, il le présente avec beaucoup d'habileté. Il commence par décrire tous les maux que peut déchaîner la grève sur l'industrie, sur les ouvriers, sur leurs familles, et il ajoute : « Qui pourrait refuser de chercher un remède à de telles calamités ? » Personne, en effet, ne voudrait contester le danger que font courir aux industries nationales ces perpétuelles agitations ; et personne, non plus, ne voudrait marchander sa pitié à ces malheureux ouvriers auxquels si souvent la grève n'apporte qu'un surcroît de misère et l'amertume des longs espoirs déçus. Mais ce qu'on appelle pompeusement l'organisation de la grève ne supprimera pas ces guerres douloureuses ; les effets en seront seulement étendus par la force à ceux qui n'auront pas voulu y prendre part ; et ce semblant de réglementation ne sera que le triomphe légalisé des folles promesses, des sourdes menaces et de la violence oppressive.

Et puis, ces votes ouvriers, — qu'on cherche à justifier théoriquement par la doctrine d'un contrat d'embauchage collectif, — on essaiera vite de les transformer en scrutins politiques et révolutionnaires. Nous en avons eu ces jours-ci une première tentative avortée. Ceux mêmes qui ont déconseillé hier la grève générale, ne nous cachent pas qu'ils la recommanderont demain, s'ils n'obtiennent pas des pouvoirs publics les concessions qu'ils exigent. La grève, au lieu d'être locale, isolée, justifiée par des circonstances spéciales, au lieu de n'être que l'exercice légitime d'un droit, deviendrait un moyen de pression et d'intimidation, à la fois contre le gouvernement et les Chambres, contre la totalité des patrons et contre une partie des ouvriers. Et il faudrait que le gouvernement, responsable de l'ordre public, sanctionnât lui-même de telles entreprises, en reconnaissant force de loi aux délibérations de ces majorités incertaines et en mettant au service de leur arbitraire l'administration, la police et la force armée ! Non, non, c'est trop attendre vraiment de la complaisance ou de la faiblesse du pouvoir.

La Liberté d'association et la Liberté d'enseignement.

C'est parce que nous sommes libéraux que nous nous mettrons en travers de tous ces projets qui seraient mortels pour la liberté ; et c'est aussi parce que nous sommes libéraux que nous n'avons pas cru pouvoir, dans une discussion récente, adhérer au vote intégral de la loi sur les associations.

Il y a dans cette loi une partie qui, sous réserve de certains détails, est excellente. C'est la partie générale. Nous avons, en France, depuis le code, la liberté des sociétés civiles et commerciales. Nous avons, depuis 1867, une loi sur la liberté des associations de capitaux ; depuis 1884 une loi sur la liberté des syndicats professionnels ; depuis 1898, une loi complète sur la liberté des sociétés de seco rs mutuels. Il nous manquait la liberté, légalement reconnue, des associations morales, intellectuelles, de celles qui n'ont pas pour objet un partage de bénéfices. La loi nouvelle comblera cette lacune depuis si longtemps signalée. Le Sénat pourra même, à cet égard, y introduire quelques améliorations et nous y applaudirons volontiers.

En ce qui concerne les congrégations, nous sommes trop attachés à la suprématie de la société civile et trop opposés au développement abusif de la mainmorte pour consentir à leur accorder, en dehors d'une autorisation de l'État, un droit de propriété commune.

Nous croyons à la nécessité d'un contrôle et d'une réglementation. Mais nous n'admettons pas que l'État mette la main sur des biens qui, en cas de liquidation, ne peuvent revenir qu'à des particuliers ; et nous pensons, d'autre part, que l'autorisation doit émaner du pouvoir exécutif, responsable devant le Parlement, et non du Parlement lui-même, dont la procédure se prête mal à de tels examens et qui, eût-il les renseignements nécessaires, sortirait de son rôle en délivrant ou en refusant à des corporations religieuses des lettres patentes législatives.

Sur un autre point, la loi n'a pas recueilli notre approbation. Il y a deux ans, il se trouvait à la Chambre une majorité certaine en faveur de la liberté de l'enseignement. En déposant avec moi devant la commission que présidait M. Ribot, M. Léon Bourgeois avait déclaré, avec grande force, que cette liberté lui paraissait intangible. Il avait ajouté sans doute qu'elle ne devait pas s'exercer sans frein et que l'État devait conserver un droit souverain d'inspection et de contrôle. C'est également notre avis.

Cette garantie, que M. Méline, de son côté,

réclamait l'autre jour à Remiremont, nous semble, comme à lui, nécessaire, mais, comme à lui, suffisante ; et nous ne voyons pas ce que gagnerait l'Université à la suppression plus ou moins déguisée d'une concurrence qui ne peut être pour elle qu'un continuel et précieux stimulant.

Nous qui avons été élevés par l'Université, qui lui devons ce que nous sommes, qui lui restons fidèlement attachés ; nous qui saurions, à l'occasion, la défendre contre des attaques injustifiées ; nous qui connaissons le zèle, le dévouement, le tact de ses professeurs, c'est par amour pour elle, c'est dans l'intérêt de son avenir, de ses progrès, de son indépendance même, que nous voulons lui épargner le rétablissement indirect d'un monopole qui risquerait d'endormir son activité, de stériliser ses efforts, d'étouffer la riche variété de ses initiatives et de fournir peut-être tôt ou tard à un pouvoir autoritaire un moyen d'unification et d'asservissement.

Réformes financières et sociales.

C'est parce que nous sommes démocrates que nous voulons, Messieurs, collaborer, avec l'ensemble des républicains, à toutes les réformes financières et sociales qui pourront contribuer a favoriser le travail et à soulager la misère.

Nous souhaiterions toutefois que, dans ces délicates matières, le Parlement procédât avec plus d'esprit de suite et de méthode, et qu'au lieu de se laisser aller aux manifestations faciles et aux beaux gestes de générosité, il pesât toujours exactement les possibilités budgétaires et envisageât, avant tout, les réalités.

On a voté une loi sur les boissons qui n'a pas été sans laisser aux contribuables quelques désillusions ; on a voté, le 29 décembre 1897, une loi sur les octrois qu'il faut, à tout prix, compléter ou remanier, car elle a mis jusqu'ici un grand nombre de communes dans l'embarras, sans supprimer la gêne dont se plaignaient les consommateurs.

J'espère que, dans la réforme des contributions directes, on procédera avec plus de prudence et qu'on ne sacrifiera pas les améliorations nécessaires à cette sorte de monomanie des grandeurs qui sévit si souvent sur les commissions parlementaires.

Il y a tantôt sept ans que les Chambres ont voté, en principe, la péréquation de l'impôt foncier par une évaluation nouvelle du revenu des parcelles ; il y a sept ans que l'ambition de faire des œuvres plus vastes retarde une réforme qui mettrait fin à des injustices criantes et qui apporterait aux agriculteurs une satisfaction légitime.

Il y a longtemps aussi qu'on signale, et avec raison, la nécessité de donner à la contribution mobilière une base plus rationnelle, de mieux proportionner l'impôt direct aux facultés des contribuables, d'opérer la déduction des charges de famille. Et le désir du mieux ne cesse d'empêcher le bien ; et sous prétexte de renouveler totalement notre mécanisme financier, on renonce, de gré ou de force, à en corriger les défauts les plus visibles.

Je crains un peu que, dans la constitution de la caisse des retraites ouvrières, cette recherche de l'absolu ne nous éloigne des voies praticables et des résultats accessibles.

Déjà, la commission a trouvé que le projet du gouvernement réservait la retraite à des catégories trop étroites de travailleurs et qu'il en fixait le taux à des chiffres trop bas. Demain, après les amendements de la commission, en viendront d'autres ; les enchères seront ouvertes ; et comme la capitalisation des versements des patrons et des ouvriers ne pourra jamais suffire à elle seule à alimenter la caisse, comme la participation de l'État, et peut être celle des départements et des communes sera, dans tous les cas, nécessaire, c'est l'équilibre des budgets publics que menaceraient les imprudences ou les témérités.

Or, pour ne parler que du budget de l'État, M. le Ministre des finances ne nous dissimule pas, dans le projet relatif à l'exercice 1902, que l'augmentation des garanties d'intérêts et la diminution des plus-values de recettes sont de nature à inspirer de sérieuses appréhensions.

Nous subordonnerons, pour notre part, le développement graduel de la caisse des retraites aux facultés du budget et nous aurons la préoccupation impérieuse de ne rien faire qui puisse troubler les finances publiques.

La Situation financière.
Economie et Décentralisation.

Plus que jamais, il est indispensable de pratiquer aujourd'hui une sévère politique d'économie.

Nos budgets se passent les uns aux autres, comme dans une autre course du flambeau, les charges des années précédentes. Jamais on ne remonte la pente descendue ; et c'est cependant vers l'abîme qu'elle nous conduirait, si nous n'y prenions garde.

La situation est grave et appelle l'attention vigilante de tous les bons citoyens, de quelque parti qu'ils se réc'ament.

Voici que, pour 1901, le produit des quatre premiers mois écoulés présente une moins-valu de 17,335,800 fr par rapport aux évaluations budgétaires et une diminution de dix-huit millions 782,500 fr., par rapport aux recouvrements de la période correspondante de l'année 1910.

Et cependant on nous apporte pour 1902 un budget qui contient, par rapport à 1901, un accroissement de dépenses supérieur à 75 millions !

Je n'en accuse pas M. le ministre des finances. Je connais les assauts que, comme ses prédécesseurs, il essuie, tous les jours, des autres ministères ; et je sais aussi combien la Chambre complique sa tâche, déjà si difficile, par le vote de lois imprévoyantes, qui contiennent en germe des dépenses indéterminées et qui engagent inconsidérément l'avenir de nos finances.

Il faut ajouter qu'une grande partie des augmentations prévues pour 190? provient de l'application nécessaire du programme de défense nationale.

Mais, moins on peut songer à compromettre, par des réductions excessives, notre puissance militaire, plus il faut apporter de persévérance et de fermeté à ne pas accroître sans raisons impérieuses les autres dépenses et à diminuer, autant que possible, par des simplifications administratives, les charges qui peuvent être allégées.

Pour arriver à ce résultat, nous voudrions soulager l'Etat d'une partie des attributions multiples qu'on lui confère chaque jour, accoutumer davantage les citoyens à la pratique de l'assistance et de la mutualité, encourager les associations libres, développer les œuvres locales et réveiller, par une décentralisation sage, prudente, respectueuse de l'unité nationale, les énergies qui trop souvent sommeillent ou restent engourdies au fond de l'âme française.

Concorde nationale

Dans l'accomplissement de cette œuvre, le parti républicain a besoin de calme et d'union ; et il a besoin aussi de donner au pays la certitude d'un apaisement général.

Il ne peut être question pour lui de désarmer devant ses adversaires, ni de les traiter en alliés. Mais, sans rien sacrifier de ses doctrines, sans abandonner ni affaiblir la défense des institutions, il doit se garder d'exciter les passions haineuses et d'envenimer les dissensions.

Un parti qui détient le pouvoir ne peut pas se conduire comme un parti d'opposition et de combat. Dès qu'il gouverne, il représente la France entière, et c'est pour la France entière qu'il doit gouverner.

M. Waldeck-Rousseau disait un jour, dans un magnifique discours que M. Ribot a rappelé récemment à la tribune : « Pendant que nous » nous épuisons dans nos discordes, une Eu- » rope nouvelle grandit autour de nous. Il n'est » que temps d'y songer. Chaque heure, chaque

» minute qui s'écoule, c'est un peu de la gran-
» deur et de la prééminence de la France qui
» s'en va. »

Je ne serai pas si pessimiste ; je ne crois pas
que rien s'en soit allé ni que rien s'en aille de
la grandeur de notre pays. Mais ce n'est point
assez qu'elle se maintienne ; et il faudrait, d'un
commun effort, travailler à l'augmenter.

C'est à cette entente patriotique et féconde
que M. le Président de la République a convié
tous nos concitoyens, lorsqu'il a présidé le banquet des maires, ou, récemment encore, lorsqu'il
a si dignement représenté la France aux fêtes
de Toulon. Et je ne puis mieux faire, en terminant ces trop longues explications, que de
placer sous ses auspices le vœu de concorde
que nous formons, mes amis et moi, dans l'intérêt de la République et de la Patrie.

LE BANQUET

A sept heures du soir. le grand banquet
par souscription a eu lieu au restaurant
Walter, place Stanislas.

Ce banquet, comprenant plus de 150 cou-
verts, a été charmant de cordialité.

M. Papelier, député de Meurthe-et-Moselle, présidait, ayant à sa droite MM.
Poincaré, Maringer et O. Krantz ; — à sa
gauche, MM. Guérin, sénateur de Vaucluse, ancien garde des sceaux, Henry
Boucher et Jules Legrand, député des
Basses Pyrénées, ancien sous-secrétaire
d'Etat.

Puis venaient les autres sénateurs et députés, conseillers généraux et d'arrordis-

sement, les maires des localités voisines
et la plupart des conseillers municipaux
de Nancy qui avaient assisté à la conférence.

A l'heure solennelle des toasts, M. Papel-
lier, député de Nancy, président de cette
belle réunion, se lève le premier.

Toast de M. Papellier.

Après avoir présenté les excuses des diverses notabilités empêchées d'assister au
banquet, entre autres celles de MM. Mézières, sénateur; Vicx, Courtois, Denis, Jen-
yen, Hennequin, de Klopstein, Gaxotte,
conseillers généraux ; Royé, adjoint au
maire de Nancy ; Bonnardel, maire de Saint-
Nicolas ; Bonnette, maire de Pont-à-Mous-
son, l'honorable député de la 2° circons-
cription s'exprime a peu près en ces termes :

Avant de remercier notre éloquent conféren-
cier, permettez moi de lever mon verre en
l'honneur de celui qui personnifie la République vis à vis de la France et de l'étranger.
A Monsieur le président Loubet (Bravos).

Puis, se tournant vers M Poincaré :

Mon cher collègue,

Au nom des républicains présents, je viens
vous témoigner notre reconnaissance pour les
excellents conseils que vous nous avez donnés
tout à l'heure.
Nommé député en 1889, époque où les meilleurs amis étaient profondément divisés, notre
programme était : « Union-Concentration républicaine » ; « Liberté pour tous, même pour nos
adversaires » ; « Aide et protection pour les
humbles et les faibles, égalité de tous les citoyens ».

Ce programme est toujours le nôtre. Nous estimons que la République doit accueillir toutes les bonnes volontés, l'avant garde de notre parti doit sé composer des jeunes, aux idées larges et généreuses dont l'activité secoue la torpeur des indifférents et des timides ; mais cette ardeur peut être modérée par les sages et les prudents qui redoutent les expériences hasardeuses, et qui désirent avant de les approuver laisser au pays le temps de les examiner et de les discuter.

C'est grâce à cette méthode de travail que, dans ces dernières années, nous avons voté des lois qui hier passaient pour irréalisables et qui fonctionnent aujourd'hui à la satisfaction générale. (Très bien !)

Ce programme fut celui de la législature de 1889 et le pays l'a approuvé en renvoyant à la Chambre, en 1893, une forte majorité républicaine. (Très bien !)

Pourquoi n'a-t on pas su utiliser cette majorité ? Pourquoi a-t on écouté ceux qui prêchaient la division ? division, hélas ! qui a été chaque année en s'accentuant, de sorte qu'aujourd'hui certains républicains, et des meilleurs serviteurs de la République, sont considérés comme suspects.

Allons-nous continuer à donner à l'étranger le spectacle de nos divisions ? Nos populations frontières s'émeuvent de cette pénible situation ; — elles n'en restent pas moins profondément attachées à la République et confiantes dans l'avenir de notre pays.

Pour nous en convaincre, il suffit de constater le développement de notre ville ; de regarder les innombrables usines construites sous le feu de l'ennemi, sans autre défense, sans autre rempart que la poitrine de nos vaillantes troupes, auxquelles nous sommes tous si profondément attachés (Bravo !) ; mais il est bien permis aux patriotes prévoyants de songer qu'aujourd'hui tous nos enfants sont soldats, et de redouter que nos querelles, grossies encore par l'ardeur de la jeunesse, ne soient pas oubliées en arrivant à la caserne, et qu'elles ébranlent ainsi cette admirable discipline, indispensable pour obtenir une armée forte et vaillante. (Très bien ! Très bien !)

Mais si nous avons foi dans nos troupes pour faire respecter l'intégrité de notre territoire, nous devons songer également à cette grande armée industrielle, dont la mission est de lutter en temps de paix contre la concurrence étrangère ; c'est par son travail, son union, qu'elle permet à la France de maintenir sa place commerciale dans le monde ; c'est par elle que le bien être et la prospérité générale du pays se développent.

Sous quelques jours, nous allons voter la loi sur les retraites ouvrières, loi si impatiemment attendue par le monde ouvrier et que nous avons toujours réclamée ; ce sont de grands sacrifices financiers qui vont être demandés au commerce et à l'industrie. N'est-ce pas un crime de prêcher la division entre le capital et le travail, au moment même où les chefs d'industrie auront besoin de toute leur activité, de toute leur intelligence, de toute leur audace pour développer leurs opérations commerciales, et de conquérir ainsi les bénéfices nécessaires pour couvrir les sacrifices nouveaux que nous allons leur demander ? Il est incontestable que la propriété industrielle est indispensable pour mener à bien cette grande œuvre de solidarité nationale. Tous les bons patriotes doivent donc rivaliser de zèle pour maintenir l'union entre le capital et le travail. (Très bien !)

Aujourd'hui que Nancy a eu le grand honneur et le grand plaisir de posséder les représentants de toutes les régions de France, il était de mon devoir de leur faire connaître les sentiments de nos populations frontières, destinées à supporter les premières conséquences des fautes de la nation.

Au nom de ces Alsaciens-Lorrains qui, après 1870, sont venus, victimes de notre imprévoyance, chercher dans notre ville un nouveau foyer ;

Au nom de nos savants, de nos artistes, dont les œuvres, hier encore, étonnaient les membres du Congrès réunis à Nancy ;

Au nom de nos populations laborieuses des villes et des campagnes ;

Nous vous supplions, mes chers collègues, d'employer votre talent, votre influence, pour apaiser ces querelles et ces divisions qui nous inquiètent et ramener le calme entre tous les républicains, union indispensable à la sécurité, à la prospérité de notre cher pays.

Je bois à la France républicaine, à l'union de tous les Français ! (Applaudissements répétés.)

Toast de M. Poincaré.

M. Poincaré se lève et, en termes charmants, montre comment, dans cette journée, il se voit « condamné » à des remerciements perpétuels, remerciements au président de la réunion, remerciements à l'hospitalité nancéienne, remerciements au président du banquet.

Je me croyais redevenu Nancéien, dit en substance M. Poincaré, mais on a voulu me faire souvenir aussi que j'étais Meusien ; aussi a-t-on mis près de moi mes chers amis de la Meuse.

En terminant, l'éminent député de Commercy a bu, au milieu des applaudissements enthousiastes, « à cette admirable ville de Nancy, à la République et à la France ».

Toast de M. Guérin.

M. Guérin, sénateur, prononce une allocution conçue dans les termes les plus élevés. Après avoir remercié, au nom de ses collègues du Parlement, du chaleureux accueil qui leur a été réservé à Nancy, le sénateur de Vaucluse manifeste son admiration pour le talent si remarquable de M. Poincaré, puis il montre la portée de la manifestation de ce jour, une de ces grandes consultations d'opinion dont on ait l'habitude dans les pays libres et qui affirme la vitalité, la foi en l'avenir du parti républicain progressiste.

M. Guérin rappelle, avec émotion, sa participation aux fêtes de 1892 à Nancy où les bases de l'alliance franco-russe furent jetées d'une façon si puissante par l'entrevue du président Carnot et du grand-duc Constantin.

L'orateur insiste sur les excellentes idées développées par M. Poincaré et il lève son verre à la France républicaine. (Applaudissements.)

Toast de M. Henry Boucher.

M. Henry Boucher prononce ensuite un de ces petits discours d'une forme si originale et si vive, qui constituent un véritable régal de gourmets. Il félicite l'*Est républicain*, organisateur de cette manifestation.

Il remercie M. Guérin, qui « comme garde des sceaux, a su non seulement faire respecter, mais encore aimer la justice... » M. Lavertujon, « que nous avons tous regretté d'avoir vu aller siéger au Sénat. M. Lavertujon, qui met au service de son parti l'énergie de la plume et de la parole, le courage de l'épée. »

M. Boucher a salué M. Motte. le grand industriel, député de Roubaix, il en a tracé la plus véridique « silhouette » : « Jacques Arteveld, descendant des vieux flamands, ayant si profondément ancré au cœur, le saint amour de la liberté ».

L'ancien ministre du commerce a reproché amicalement à M. Poincaré sa longue absence de la tribune ; il a dit que ces absences constituaient « non seulement un deuil public mais encore un deuil privé. »

Soyez notre chef ! — s'écrie M. Boucher — il nous faut des chefs jeunes et vigoureux. Nous vous suivrons ! (Longue ovation.)

M. Boucher a exprimé enfin le ferme espoir que les nobles paroles prononcées à Nancy auraient une répercussion salutaire dans le pays entier et il s'est assis, après avoir décerné un tribut d'hommages aux chefs du parti progressiste, à MM. Méline, Ribot, à M. Camille Krantz, à qui tous les patriotes sont reconnaissants de sa récente conférence militaire à Nancy.

Toast de M. Krantz.

M. Krantz, après avoir témoigné de sa grande reconnaissance à l'égard de la ville de Nancy, déclare que c'est de tout cœur qu'il est venu assister à la conférence de M. Poincaré ; il croit que c'en est fini de la légende accusant les progressistes d'avoir favorisé, en quelque sorte, l'accès des collectivistes au pouvoir.

Quant à lui, il a été sollicité par M. Waldeck-Rousseau d'entrer dans son cabinet avec le portefeuille de la guerre. Il s'y est refusé, parce qu'il avait l'intuition qu'on lui demanderait de s'y prêter aux entreprises tendant à désorganiser l'armée.

Il lève son verre à l'armée nationale et à l'union des républicains. (Longs applaudissements).

Toast de M. Jules Legrand.

M. Jules Legrand déclare qu'il a été heureux de venir apporter à M. Poincaré le tribut de son admiration profonde. Sa présence à cette table témoigne, dit-il humoristiquement, « que Bayonne n'est pas si loin que cela de Nancy ». D'ailleurs, les populations des Vosges et des Pyrénées ne sont-elles pas également françaises, ayant les mêmes traditions et les mêmes espoirs ? M. Legrand boit à l'union des Vosges et des Pyrénées. (Bravos).

Toast de M. Motte.

Le député de Roubaix affirme que, comme député d'une région ravagée par le collectivisme, il n'a pu que s'associer pleinement aux paroles de M. Poincaré visant le péril révolutionnaire. Que l'on y prenne garde, sinon le « carcan pour la vie » qu'on est en train de vouloir nous imposer deviendra plus pesant encore et bientôt intolérable. (Explosion de bravos).

Toast de M. Puech.

Après quelques paroles aimables de M. Papelier, M. Puech, député de la Seine, clôt cette série des toasts en montrant la communauté d'espérances qui a fait battre aujourd'hui tous les cœurs, espérances en une République radieuse, forte et féconde, rendue telle par la conciliation, la concentration de tous les bons républicains dans un même but et dans une même idée. (Nouveaux applaudissements).

M. Poincaré, comme bien on pense, a été très entouré. La soirée s'est terminée à onze heures.

BAR-LE-DUC. — IMPRIMERIE DE L'INDÉPENDANCE DE L'EST

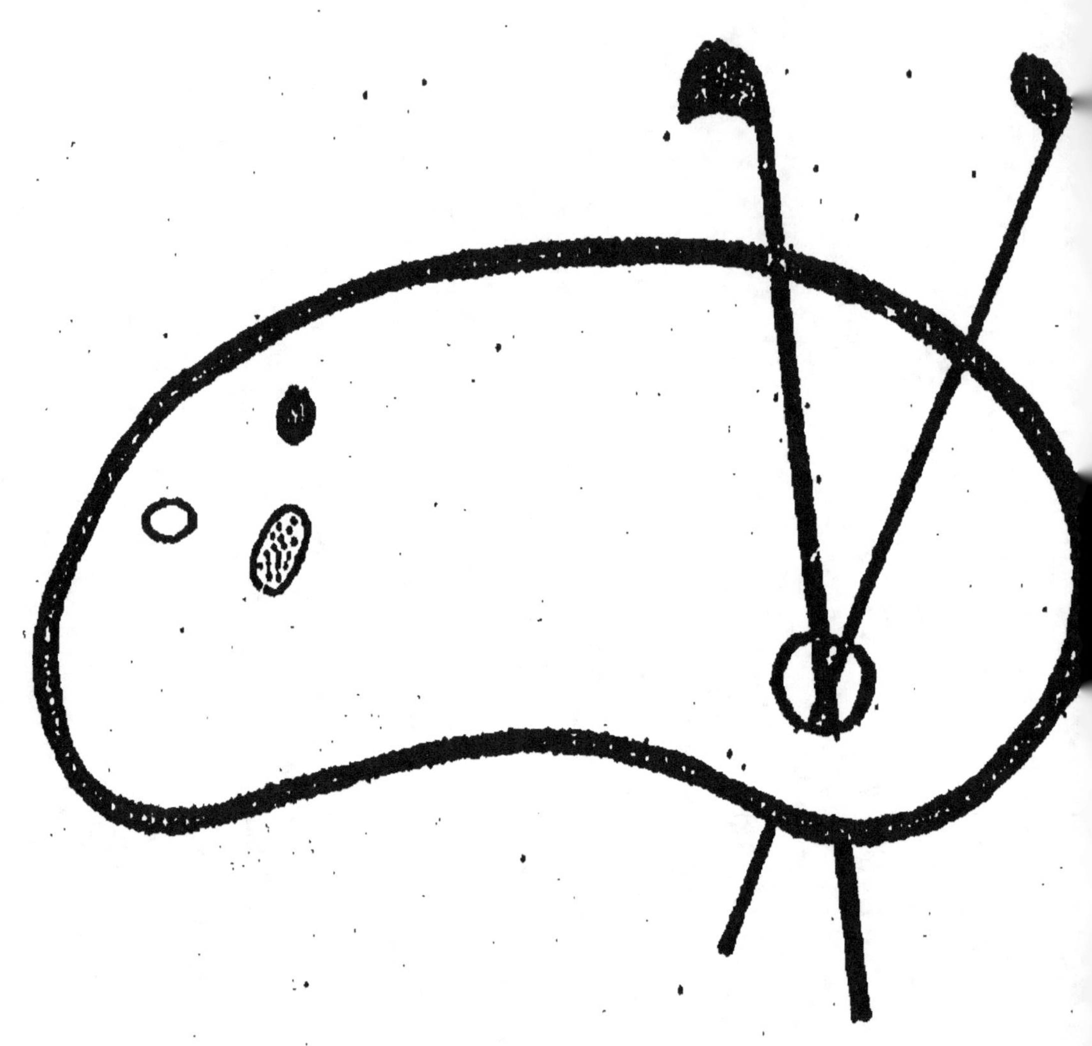

ORIGINAL EN COULEUR
Nº Z 43-120-8

www.ingramcontent.com/pod-product-compliance
Lightning Source LLC
LaVergne TN
LVHW012306050726
842524LV00004B/1237